Enfrentando Espíritus Familiares

IMITADORES DEL ESPÍRITU SANTO

FRANK HAMMOND

Enfrentando Espíritus Familiares
Imitadores del espíritu santo

por Frank Hammond

ISBN 10: 0-89228-210-X

ISBN 13: 978-089228-210-4

IMPACT CHRISTIAN BOOKS, INC.

332 Leffingwell Ave., Suite 101

Kirkwood, MO 63122

(314) 822-3309

WWW.IMPACTCHRISTIANBOOKS.COM

ENFRENTANDO ESPÍRITUS FAMILIARES

"Espíritu familiar" es la designación de un tipo específico de espíritu maligno. Se clasifica así por su característica principal: la familiaridad. Es una relación, una familiaridad, con una persona o personalidad. Por ejemplo, una mujer que Pablo encontró en Macedonia, tenía un espíritu familiar que le daba poderes de adivinación (Hechos 16:16-18).

Los espíritus familiares son comunes en las prácticas del espiritismo y la brujería, pero su actividad no se limita en absoluto a personas y prácticas tan obviamente ocultas. Los espíritus malignos son personalidades. Pueden razonar, decidir, expresar emociones y comunicarse. Las personalidades tienen la capacidad de relacionarse entre sí. Dos personalidades humanas pueden formar una relación, y a través de la comunicación y la comunión, esa relación puede mejorarse. Del mismo modo, una persona puede formar y luego desarrollar una relación estrecha con un espíritu maligno. Cuando una persona forma una relación con un espíritu maligno (lo que puede hacerse voluntariamente o por ignorancia), entonces *tiene* un espíritu familiar.

La comunicación es la principal característica de un espíritu familiar. El espíritu responde rápidamente a la llamada de un "médium". Un ejemplo de médium en las Escrituras fue la bruja de Endor a la que consultó Saúl (1 Sam. 28:7); un médium es un "intermediario" que forma un vínculo de comunicación entre el mundo terrenal y el reino demoníaco. Por lo tanto, cualquier persona que se convierte en un canal de comunicación para un espíritu maligno es un médium. Alguien que canaliza traídas espirituales tiene un espíritu familiar.

Un espíritu familiar es algo que una persona tiene, porque es un ser espiritual con una personalidad identificada con ese individuo. En el mismo sentido en que uno tiene un libro, un amigo o un resfriado, uno puede identificarse personalmente ("tener") con un demonio. Los demonios siempre crean algún tipo de contaminación.

> No se vuelvan a los **adivinos** ni a los **espiritistas**, ni los busquen para ser **contaminados por ellos**. Yo soy el Señor su Dios.
>
> LEV. 19:31 (NBLA, ÉNFASIS MÍO)

La palabra hebrea para "espíritu familiar" es *ob*, que significa "botella de cuero". Para los oídos de los antiguos hebreos, el sonido hueco de un espíritu familiar hablando a través de un médium sonaba como si saliera de una botella de piel. Una botella de piel es un recipiente, y una persona que tiene un espíritu familiar sirve como *el recipiente* que contiene el espíritu; el espíritu mora en la persona. Por lo tanto, una persona que tiene un espíritu familiar está endemoniada.

ADVERTENCIAS DE DIOS

La seriedad de entretener espíritus familiares está claramente establecida en la Palabra de Dios. Bajo la ley del Antiguo Testamento, involucrarse con espíritus familiares era castigado con la muerte. Era, para El, una forma de adulterio espiritual.

> Y el hombre o la mujer que **evocare espíritus de muertos** o se entregare a la **adivinación**, ha de **morir**; serán apedreados; su sangre será sobre ellos.
>
> LEV. 20:27

Los espíritus familiares son *falsificaciones* de la obra del Espíritu Santo. Cualquiera que tenga comunión con Dios, y que sea guiado por el Espíritu Santo, *no necesita* un espíritu familiar. ¿Por qué? Porque Dios a través de Su Espíritu, y por fe, provee al creyente con todo lo que él o ella necesita.

El pecado de adulterio se comete cuando un hombre o una mujer sale de su relación matrimonial para gratificar apetitos sexuales. Del mismo modo, un hijo de Dios comete *adulterio espiritual* cuando sale de su relación con Dios para obtener *sobrenatural* conocimiento, sabiduría, guía o poder.

El rey Saúl buscó a una mujer que tenía un espíritu familiar, y porque Saúl buscó la ayuda de la bruja de Endor, el juicio de Dios vino sobre Saúl.

> Así murió Saúl por su rebelión con que prevaricó contra Jehová, contra la palabra de Jehová, la cual no guardó, y porque consultó a una adivina, y no consultó a Jehová; por esta causa lo mató, y traspasó el reino a David hijo de Isaí.
>
> 1 CR. 10:13-14

Del mismo modo, Dios juzgó a las naciones cananeas por sus prácticas ocultas, y entregó sus tierras a los israelitas. Luego, Dios advirtió a los israelitas que los expulsaría de la tierra si alguna vez empleaban la obra de espíritus demoníacos, lo que Él llama una "abominación".

> Cuando entres a la tierra que Jehová tu Dios te da, no aprenderás a hacer según las abominaciones de aquellas naciones. No sea hallado en ti quien... quien practique adivinación, ni agorero, ni sortílego, ni hechicero, ni encantador, ni adivino, ni mago, ni quien consulte a los muertos. **Porque es abominación para con Jehová** cualquiera que hace estas cosas, y por estas abominaciones Jehová tu Dios echa estas naciones de delante de ti.
>
> DEUT. 18:9-12

EL ENGAÑO

El engaño está siempre presente en la relación de uno con un espíritu familiar. Generalmente, el que tiene un espíritu familiar cree que su espíritu-compañero es bueno y no malo, o piensa que algo beneficioso saldrá de esa relación. Cree erróneamente que el espíritu es un benefactor que le proporcionará información útil y poder. Incluso puede estar tan engañado como para creer que el espíritu familiar es el Espíritu Santo. Por lo tanto, será reacio a desprenderse de algo que cree que es beneficioso, o que es de Dios.

La persona que tiene un espíritu familiar puede no reconocer que es una entidad espiritual con la que está teniendo una relación. Puede pensar que sus experiencias están sólo dentro de sus imaginaciones y fantasías. O puede creer que se ha puesto en contacto con el reino espiritual de Dios a través de su mente y no a través de su espíritu. Así, puede quedar atrapado, *no porque esté buscando algo malo, sino porque está buscando algo bueno de una manera equivocada.*

La nigromancia, una supuesta comunicación con los muertos, es una faceta de la operación del espíritu familiar. La nigromancia es un engaño descarado. En lugar de comunicarse con una persona en particular, el médium está en contacto con un espíritu demoníaco familiar de esa persona muerta. El demonio es capaz de dar información y producir manifestaciones que llevan al buscador a suponer que ha contactado con el espíritu de una persona muerta concreta.

La Atracción

¿Qué atrae a una persona a involucrarse con espíritus familiares?

El atractivo de lo oculto se basa generalmente en la curiosidad o en el deseo de lo que es secreto u oculto. Uno puede tener fascinación por lo sobrenatural, pero puede no saber diferenciar entre el reino sobrenatural de Dios y el reino de Satanás.

Por ejemplo, casi todo el mundo quiere saber lo que le depara el futuro. Es fácil, por tanto, dejarse arrastrar por un plan que afirma tener la clave para conocer lo desconocido. Lo que el buscador no comprende es que las palabras pronunciadas a través de un médium pueden cambiar el futuro de forma severa, convirtiéndose en cierto sentido en una profecía malsana y autocumplida.

Muchos, al parecer, se han dejado seducir por el deseo de comunicarse con seres queridos ya fallecidos. Una mujer nos oyó hablar a mi esposa y a mí de espíritus familiares. Creía que la visitaba su difunto marido. Dijo que el espíritu de su difunto marido entraba en su habitación, se sentaba en el borde de la cama y hablaba con ella. Decidió comprobar el fenómeno. Cuando el espíritu regresó, le tocó la nariz y le dijo: "No eres más que un demonio. Te reprendo en nombre de Jesús. No vuelvas más a ". El espíritu familiar se marchó y nunca más volvió.

Los cristianos, especialmente los que sufren de rechazo, inferioridad e inseguridad, son propensos a anhelar una intimidad con el Señor que puede arrastrarlos a formas no bíblicas de lograr esa cercanía. En un ejemplo, una mujer cristiana que tenía un marido poco cariñoso fue animada por un consejero a visualizar a Jesús como si fuera su marido. Ella debía imaginar a Jesús entrando por la puerta, abrazándola y besándola. Su Jesús visualizado se hizo muy real para ella, y encontró esta fantasía muy satisfactoria. Pero un día su Jesús visualizado se volvió tan íntimo que le hizo insinuaciones sexuales. Ella se asustó lo suficiente como para buscar consejo que la condujo a la liberación de un espíritu familiar, el espíritu de "otro Jesús" (2 Cor. 11:4).

Una experiencia interesante relacionada con un espíritu familiar ocurrió mientras enseñábamos en Europa. La iglesia allí había sido organizada por una pastora ungida, que había fallecido hacía varios años. Una noche, el Señor reveló a Ida Mae, por medio de un sueño espiritual, que varios en la iglesia estaban siendo visitados por una aparición de la pastora anterior. En el sueño, a Ida Mae se le mostró la aparición. Parecía muy hermosa. Cuando Ida Mae la identificó como una aparición, la cara se volvió horriblemente demoníaca.

El actual pastor de la iglesia, un hombre joven, confirmó que todo lo que se le había mostrado a Ida Mae era verdad. Varias mujeres mayores de la hermandad se resistían al nuevo y joven líder y querían que todo continuara como antes. Estas mujeres, que se habían relacionado estrechamente con su antigua pastora, deseaban tanto seguir en comunicación con ella que se abrieron a ser visitadas por la aparición engañosa. Lo triste de la historia es que las mujeres engañadas se negaron a creer que se estaban comunicando con un demonio, en realidad un espíritu familiar, y no con su pastor fallecido.

Satanás es un astuto engañador. Cuando se buscan cosas prohibidas, o cuando se buscan cosas buenas de manera equivocada, el diablo se aprovecha rápidamente de las pobres almas.

LA ADQUISICIÓN

Hay una variedad de avenidas a través de las cuales los espíritus familiares pueden ser adquiridos. La siguiente lista es sugestiva más que exhaustiva.

1. Adivinación

La adivinación se define ampliamente como un intento de discernir acontecimientos futuros o de descubrir lo que no puede conocerse por métodos naturales. Se busca al espíritu familiar para que ayude a una persona en su búsqueda de conocimiento oculto, guía y poder. Hay muchas expresiones de la adivinación. La adivinación incluye las prácticas de médiums espiritistas, brujas, sacerdotes vudú haitianos, curanderos americanos y chamanes.

La brujería del agua es una forma de adivinación. En algunas comunidades hay una persona experta en encontrar corrientes de agua subterráneas con un palo bifurcado. Mientras sujeta la "Y" de su vara adivinatoria, el palo girará forzosamente hacia abajo cuando pase sobre un lugar que tenga agua subterránea. El espíritu familiar se comunica con el adivino a través de su vara. Uno podría razonar que tal beneficio no podría ser erróneo, pero Dios lo ha juzgado erróneo. Él llama a la adivinación una "abominación" y pronuncia una maldición sobre cualquiera que la practique:

> "no aprenderás a hacer según las abominaciones de aquellas naciones [cananeas]. No sea hallado en ti ... quien practique adivinación, ni agorero, ni sortílego, ni hechicero..."
>
> DEUT. 18:9-10

> "No seréis agoreros, ni adivinos"
>
> LEV. 19:26

De joven, aprendí a jugar con la Ouija. Años más tarde, descubrí que la Ouija no era un simple juego. Yo podía hacerle una pregunta a la Ouija, y ella se comunicaba. Le hice muchas preguntas sobre el futuro de mi vida, y Ouija tenía respuestas preparadas. No sabía que estaba hablando con un demonio y familiarizándome con el emisario del diablo. Cuando me familiaricé con el ministerio de liberación, rompí todos los lazos con la información obtenida de esa fuerza demoníaca.

2. Meditación Trascendental (MT)

Meditación Trascendental (MT), una práctica asociada con el culto hindú, es ampliamente aceptada en toda la cultura occidental hoy en día. Se enseña en las universidades e incluso en algunas iglesias. Contrariamente a la comunión cristiana con el Espíritu Santo, que es una reflexión activa sobre Dios y Su Palabra, la meditación oriental es pasiva. La meditación pasiva, junto con técnicas que producen trance y el canto de un mantra, abren a la persona directamente al reino demoníaco. En su intento por descubrir la verdadera iluminación, el practicante de la MT se despoja de toda identidad propia y fuerza de voluntad. Abre la puerta de su alma a espíritus engañadores que se hacen pasar por la Deidad y divulgan falsas revelaciones de misterios secretos y ocultos. No es de extrañar que el enemigo venga portando regalos de consuelo o paz a través de prácticas conectadas al misticismo, con promesas de "limpiarse de negatividad" de las cuales el yoga es un ejemplo.

3. Compañeros de juego imaginarios

No es raro encontrar a un niño que tiene un compañero de juego imaginario . El compañero invisible es muy real para el niño. De hecho, el compañero de juegos puede ser invisible para los demás, pero aparecer visiblemente para el niño. El compañero de juegos imaginario se convierte en compañero y maestro del niño.

Lo que comienza en la imaginación del niño, como una técnica para compensar la soledad, evoluciona hasta convertirse en una relación con un espíritu familiar. Un niño de cuatro años, al que atendíamos, tenía un compañero de juegos imaginario al que llamaba Carbón. Le preguntamos por qué le llamaba "Carbón", e insistió en que el compañero le había dicho que se llamaba Carbón. Para liberarse, el niño primero tenía que ponerse de acuerdo con el espíritu familiar y ordenarle que se fuera. Aunque normalmente era un niño obediente, se sentía tan amenazado por la perspectiva de perder a su compañero que se resistió obstinadamente a la coacción de su padre para que renunciara a la presencia demoníaca. Después de una liberación exitosa, hubo una notable mejora en la personalidad y el comportamiento del niño, y un nuevo sentido de estabilidad y paz.

En otro caso, mi esposa y yo ministramos a una mujer joven que estaba plagada de fenómenos sobrenaturales extremos. Poltergeists se manifestaban en su casa; ella experimentaba viajes astrales no deseados, y poseía percepciones psíquicas no deseadas. La causa de todos los fenómenos sobrenaturales era, en su caso particular, una relación en la primera infancia con un compañero de juegos imaginario. Sus padres se habían divorciado cuando ella tenía cuatro años. El rechazo y la inseguridad fueron el resultado de que fuera pasando de unos familiares a otros. Empezó a jugar con un amigo imaginario, un espíritu familiar, llamado "Genio". Curiosamente, Genie (una derivación de jinn) pertenece a una clase de demonios que adoptan diversas formas, ejercen un poder sobrenatural y sirven a su invocador. El espíritu familiar, Genie, era el responsable de los fenómenos ocultos.

4. Visualización

Visualización no es una herramienta espiritual válida, aunque es una técnica común empleada por algunos practicantes de la curación interior y la sanación de los recuerdos. La visualización es un método utilizado durante siglos por los hechiceros para contactar con los poderes demoníacos. Algunos defensores de la visualización sostienen que su uso cristiano representa una verdadera contrapartida de una falsificación ocultista; sin embargo, en las Escrituras no hay ninguna base para el uso de la visualización como forma de contactar con Dios o de recibir beneficios espirituales. Por lo tanto, la llamada visualización cristiana no es una verdadera contraparte de una falsificación de visualización, sino que es en sí misma una falsificación de la fe. La fe tiene ojos espirituales que permiten ver lo invisible. *"Ahora bien, la fe es la certeza de lo que se espera, la convicción de lo que no se ve."* (Heb. 11:1, NBLA). La visualización es un intento de ver, mediante la función de la mente natural, lo que sólo puede ser visto por el ojo espiritual de la fe.

Una amiga nuestra se dedicó a visualizar a Jesús. Cuando rezaba, la presencia que sentía era tan real que se sentaba a sus pies y colocaba la cabeza en su regazo. Quedó impactada por el testimonio de una destacada líder cristiana que había descubierto que el "Jesús" de con el que se contactaba a través de la visualización era en realidad *"otro Jesús"* (2 Cor. 11:4).

Nuestra amiga se dio cuenta de que su "Jesús" era un espíritu familiar y pidió ayuda. Ella fue liberada de su esclavitud al espíritu familiar y ahora comparte abiertamente su testimonio para que otros puedan ser traídos a la luz de la verdad.

Algunas veces estos espíritus familiares de "otro Jesús" se vuelven tan familiares que en realidad manifiestan su presencia hablando audiblemente y tocando a la persona.

5. Drogas

Drogas, especialmente drogas alucinatorias, proveen un corredor directo al reino demoníaco. Esto es cierto para muchos tipos que van desde el antiguo peyote hasta las drogas modernas como la cocaína, la marihuana, la metanfetamina y la heroína. Tales drogas alteran la función de las células cerebrales, y allanan el camino para una variedad infinita de supuestas revelaciones que son fomentadas por espíritus familiares contactados a través de las alucinaciones inducidas por las drogas.

6. Música Rock

Aquellos que están enganchados a *música rock* suelen estar muy a la defensiva y son inenseñables. Este rechazo de la verdad se debe a que la música rock es una "religión" para el devoto, y sugerir que alguien abandone su religión es una amenaza seria. La música rock requiere un compromiso tan definitivo como el cristianismo.

Edward era un adolescente cristiano. Amaba al Señor y estaba creciendo espiritualmente. De repente, Edward cambió. Se apartó completamente de sus convicciones cristianas. Sus padres estaban consternados, y nada de lo que decían o hacían tenía efecto alguno en su hijo. Edward tuvo un cambio dramático en su personalidad. Le preguntamos a su madre si se había involucrado con la música rock. La respuesta fue "sí". Su amor por Dios y el Espíritu Santo había sido usurpado por "otro espíritu" con el que Edward se había familiarizado.

7. Juegos y Juguetes

El diablo está haciendo descaradamente su apuesta por controlar las vidas de la juventud de nuestra nación. *Los juegos* y los juguetes pueden ser una poderosa influencia en la formación de los niños. Los padres, los guardianes espirituales de los niños, deben estar especialmente alertas y vigilantes hoy para proteger a sus hijos de las artimañas de Satanás.

Mientras ministrábamos a un niño de cinco años, descubrimos que estaba emocionalmente apegado a la pequeña criatura conocida como E.T., un ser extraterrestre. E.T. había dejado de ser un mero personaje de ficción en la experiencia de este niño. E.T. se había convertido en un compañero y amigo vivo que visitaba su habitación y hablaba con él. Estaba conversando con un demonio, un espíritu familiar. De esta manera el diablo condiciona a los niños a relacionarse con los demonios como amigos. El niño se acostumbra a estas criaturas demoníacas, hasta el punto de que incluso se siente cómodo con ellas cuando se materializan.

Tom, un hombre al final de su adolescencia, estaba controlado por una falsa personalidad. El alter ego lo adquirió a través de su participación infantil en el juego "Dragones y Mazmorras". El juego requiere interpretar un papel, y el jugador se identifica totalmente con un personaje de ficción. A menudo, los jugadores se visten con trajes identificativos del personaje que deben representar. Tom había perdido gradualmente su propia identidad y había tomado la identidad de su espíritu familiar.

8. Conversando con Demonios Durante la Liberación

Cuando los demonios son desafiados, a veces hablan a través de la persona en la que moran. Un ministro de liberación puede cultivar una relación con un demonio *interrogando a tales espíritus.* Al hacerlo, el ministro de liberación se convierte en un médium a través del cual el espíritu familiar imparte conocimiento secreto. Si la información adquirida a través de demonios es aceptada como verdad, entonces el testimonio de lo que los demonios han dicho se convierte en una doctrina de demonios:

> El Espíritu dice claramente que en los últimos tiempos algunos se apartarán de la fe, prestando atención a espíritus engañadores y a doctrinas de demonios.
>
> 1 TIM. 4:1 NASB

Un hombre me envió un manuscrito que había escrito. Me pidió que criticara el material antes de publicarlo. Había obtenido supuesta información "ultra secreta" sobre la jerarquía de los espíritus en el reino de Satanás conversando con un demonio en una persona que había estado involucrada en brujería. El libro estaba dedicado, por su nombre, al demonio que le había dado la información. Se permitió así convertirse en un médium espiritista que se comunicaba con un espíritu familiar.

Un ministro de liberación estaba compartiendo con uno de nuestros empleados sus experiencias conversando con demonios durante la liberación. Dijo que no veía ninguna necesidad de abandonar la práctica de interrogar a los espíritus malignos. De hecho, los encontraba entretenidos. Había uno con el que disfrutaba especialmente hablando porque lo que decía este demonio siempre "parecía tan bonito". ¿Cómo podría considerarse "tierno" cualquier cosa que saliera de la boca de un demonio engañador?

Conversar con demonios puede llevar fácilmente al papel prohibido de ser un "consultor con espíritus familiares" (Deut. 18:11). Si uno se convierte en un enlace de comunicación con el reino demoníaco, se convierte en un médium espiritista; y la información que transmite es una "doctrina que enseñan los demonios" (1 Tim. 4:1, AMPC). Por lo tanto, interrogar a los demonios y conversar con ellos no sólo es insensato, sino sumamente peligroso.[1]

9. Necromancia

La Palabra de Dios prohíbe claramente *la comunicación con los espíritus de los muertos.*

> "No sea hallado en ti nadie quien consulte a los muertos."
>
> DEUT. 18:10, 11

Algunos, cuyos seres queridos han muerto, sienten la tentación de comunicarse con ellos. En lugar de contactar con el espíritu de sus seres queridos, entran en contacto con espíritus familiares que se hacen pasar por amigos o parientes fallecidos.

Los terrafim, o dioses domésticos, se mencionan varias veces en la Biblia. Se trataba de figuras humanas y estatuas a las que se buscaban oráculos. Estas imágenes domésticas se hacían a semejanza de los antepasados fallecidos. Cuando Jacob se separó de su tío Labán, Raquel robó los terraphim de su padre (Gn. 31). Este pasaje revela

---

[1] Para más información, consulte el libro *El Discernimiento de los Espíritus,* por Frank Hammond; Impact Christian Books, Inc., Kirkwood, MO.

que Labán y su familia estaban involucrados en la idolatría. Creían que podían ser ayudados por los espíritus de los difuntos.

Cuando Dios dijo a Jacob que regresara a Betel (la casa de Dios), Jacob dijo a su familia: *"Quitad los dioses ajenos que hay entre vosotros"* (Gn. 35:2), y los terraphim fueron enterrados y abandonados. Así se evitó la maldición y Jacob y su familia recibieron las bendiciones de Dios, pues *"el terror de Dios estuvo sobre las ciudades que había en sus alrededores, y no persiguieron a los hijos de Jacob"* (Gn. 35:5).

A veces, las fotos de padres, hermanos, hermanas, abuelos u otros seres queridos pueden atraer a los espíritus familiares. En una época, mi esposa guardaba fotos de sus padres fallecidos y otros familiares en nuestro dormitorio. Le daba un sentido de su presencia continua en su vida. El Espiritu Santo la convencio de que sus padres muertos no eran su fuente de consuelo, seguridad o ayuda. Las fotos fueron guardadas.

En una iglesia que yo pastoreaba, la anciana abuela de uno de nuestros miembros murió. Poco después, recibí una petición de ayuda de la familia. Me dijeron que la abuela estaba haciendo apariciones en la casa, y que un miembro de la familia fue mordido en los muslos cuando se sentó en la silla favorita de su abuela. La abuela había estado involucrada en brujería. Fue necesario retirar toda la parafernalia de brujería de la casa y ordenar al espíritu familiar de la abuela que se marchara. El procedimiento resultó eficaz y no hubo más disturbios.

Sin embargo, hay algunas personas a las que se les ha enseñado a rezar a María, la madre de Jesús, o a otros santos difuntos, como mediadores. Cuando los hombres rezan a los espíritus de los muertos, están practicando la nigromancia y cortejando a espíritus familiares. Por lo tanto, es fácil entender por qué hay tantos informes de visitas de estos mediadores prohibidos. Por ejemplo, existe la "Virgen de Guadalupe" y la "Virgen de Medjugore", porque los espíritus familiares se manifestaban cuando la gente rezaba a María, la madre de Jesús.

10. Incubus & Succubus

Un *incubus* (del latín: yacer sobre) espíritu, es un espíritu masculino maligno que yace sobre las mujeres mientras duermen, ostensiblemente para tener relaciones sexuales con ellas. El *succubus* (del latín: yacer bajo) es un espíritu femenino que acude por la noche para mantener relaciones sexuales con los hombres.[2]

Estos espíritus familiares inmundos se han adquirido a través de la promiscuidad sexual y, en algunos casos, del vudú o "juju". La fornicación, el adulterio y cualquier tipo de desviación sexual darán oportunidad a los espíritus de lujuria sexual.

Un día, invitamos a una mujer a que viniera a recibir liberación. Nos recibió en la casa donde nos alojábamos. Mi esposa y yo la llevamos a una recamara donde podiamos tener privacidad. La mujer se sentó al lado de la cama, mientras nosotros nos sentamos en sillas. Durante el curso del ministerio, mientras ordenábamos a los espíritus de lujuria sexual y perversidad que se fueran, un espíritu de íncubo se manifestó. Lanzó a la mujer hacia atrás, sobre la cama, con las rodillas flexionadas y los muslos abiertos, y sus movimientos corporales daban la apariencia de que estaba teniendo relaciones

---

2 Las definiciones de *íncubo* y *súcubo* se encuentran en el Diccionario Webster.

sexuales con un ser invisible[3]. Ella dijo que este espíritu de *incubus* venía a ella con frecuencia mientras dormía. Fue expulsado por la autoridad del nombre de Jesús.

Otras experiencias de liberación han llevado a la firme convicción de que la participación en lo oculto puede abrir la puerta para que entren espíritus de *íncubo* y *súcubo*. Ministramos a un hombre jamaicano que, junto con sus parientes, había estado profundamente involucrado en el vudú. Estaba siendo atormentado cada noche por un espíritu *succubus*. Sin conocer los caminos de Dios, y en su desesperación por obtener ayuda, había buscado la ayuda de una bruja. Después de pasar por un ritual de brujería, el problema era aún peor que antes. Este hombre necesitaba liberación de espíritus ocultos, además de un espíritu de *succubus*.

Tuvimos otra experiencia con una mujer que había crecido en África central y nos llamó para pedir liberación. De niña, su rutina dominical consistía en que sus padres la llevaban a la iglesia por la mañana y al sacerdote juju por la tarde. A través de estos rituales semanales, fue abusada por el sacerdote juju. Más tarde conoció a Jesús y se salvó. Pero nos confió que, al llegar a la edad adulta, empezó a ser visitada por la noche por un espíritu familiar que representaba al sacerdote juju, quien continuó abusando sexualmente de ella. Ya adulta y a punto de casarse, nos llamó por teléfono desesperada. Los ataques sexuales de este espíritu familiar no habían cesado, ni siquiera después de comprometerse en matrimonio.

Ella no tenía la culpa de haber sido llevada a un ocultista cuando

---

3 Este es un buen ejemplo de por qué un hombre no debe ministrar liberación a una mujer cuando está solo.

era niña y de que ese sacerdote abusara de ella. Sin embargo, el demonio es un oportunista que aprovecha las experiencias traumáticas de la infancia para esclavizar a las personas durante toda su vida.

Tras un breve momento de oración con ella por teléfono, la oímos caer al suelo. El espíritu inmundo salió rugiendo de ella en el transcurso de 5 minutos más o menos. Todo lo que pudimos hacer en nuestro lado del teléfono fue orar para que el Señor hiciera su trabajo, y Él fielmente lo hizo. Fue liberada soberanamente después de unos minutos de batalla y sintió que la paz y la alegría se apoderaban de su alma. Permaneció en el suelo llorando y riendo y celebrando su libertad durante otros 15 minutos. A partir de ese momento su vida quedó libre de ese tormento demoníaco; nos llamó varias veces en los meses siguientes para confirmar su libertad absoluta. ¡Alabado sea el Señor!

¿Qué puede haber más familiar que un espíritu que viene a tener relaciones sexuales con una persona? Con el aumento de la espiritualidad ocultista, las visitas nocturnas de este tipo son más comunes de lo que creemos. Es comprensible que la gente a menudo se sienta demasiado avergonzada para admitir que están teniendo encuentros con *incubus* y *succubus* espíritus. Pero recuerda, es el diablo quien hace que la gente se avergüence y tenga miedo. Debemos desenmascarar al diablo sacando las cosas secretas a la luz en un ambiente apropiado.

"Confesaos vuestras ofensas unos a otros, y orad unos por otros, para que seáis sanados." SANTIAGO 5:16

LA LIBERACIÓN

Aplica esta enseñanza sobre espíritus familiares a tu propia vida. ¿Se ha abierto una puerta de oportunidad a los espíritus familiares? ¿Hay alguna evidencia de la presencia de espíritus familiares hablándote o tratando de influenciarte? ¿Se ha relacionado con un "espíritu guía"? ¿O ha practicado formas de misticismo oriental u ocultismo, incluyendo hipnosis, yoga o meditación?

La Palabra de Dios advierte que es pecado aceptar voluntariamente a un espíritu familiar. Un espíritu familiar no se juzga por si parece ser beneficioso, sino por lo que Dios ha dicho sobre él. Con rituales más profundos en el ocultismo y misticismo, una persona puede adquirir más de un espíritu familiar, y tener múltiples espíritus operando en su vida.

La respuesta para todos nosotros es la poderosa mano liberadora de Jesucristo. La sangre sin pecado que derramó en la cruz fue perfecta en todos los sentidos; por lo tanto, tiene el poder de alejar toda contaminación de nuestras vidas. Es el poder de Su sangre que hace que el diablo y sus poderes demoníacos griten y huyan. Es hora de cerrar todas las puertas de acceso; *comienza con el arrepentimiento*. Pida perdón al Señor por cualquier pecado que pueda haber dado oportunidad para que se desarrolle una relación con un espíritu familiar.

Renuncia a cualquier espíritu familiar; con esto quiero decir *deja de estar de acuerdo* con cualquier cosa que busque guiarte o controlarte. Pon *tu voluntad* contra *su voluntad* en la batalla; ¡resístete a ellos! Destruye cualquier cosa que esté en tu posesión que pueda dar un derecho legal para que tal espíritu permanezca.

Dile a ese espíritu inmundo que no se le necesita y que no se le quiere. Y entonces échalo fuera con tu autoridad espiritual en Jesucristo. Emplea las armas espirituales de la sangre del Cordero, el nombre de Jesús y la Palabra de Dios, porque estas "son poderosas en Dios para derribar fortalezas" (2 Cor. 10:4).

Hemos proporcionado una declaración y una oración en las páginas siguientes.

Invitemos al Señor a ministrar ahora mismo. A tu manera, invita al Espíritu Santo a hacerte un vaso abierto para el Señor. Declara tu disposición a recibir todo lo que Dios tiene para ti.

Hazle saber al Enemigo que estás fuera de total acuerdo con él. No le estás dando ninguna licencia legal para hacerte nada.[1]

Deja que el Enemigo sepa **QUIÉN ERES**, que eres hijo de Dios.[2] Has sido redimido por la preciosa sangre del propio Hijo de Dios. Adquirido, comprado de nuevo de la esclavitud al pecado,[3] y traído de nuevo a la servidumbre bajo el Señor Jesucristo.

Hazle saber que has sido lavado, por la propia sangre de Dios. Aunque tus pecados eran como el carmesí, ahora son **TAN BLANCOS COMO LA NIEVE**.[4] Por el perdón de Jesús, tus pecados han sido alejados **TAN LEJOS COMO EL ESTE ESTÁ DEL OESTE**.

INSEGURIDAD, **MIEDO** y **LUJURIA** del Enemigo van a huir.

No puedes odiar a la gente, pero puedes odiar las obras de Satanás y sus demonios. Puedes odiar a los enemigos de Dios.[5] **TÚ ODIAS LA CORRUPCIÓN**. Tú **ODIAS** su influencia en tu vida.

REZA ESTO CONMIGO

Reza estas palabras conmigo:

Yo, [TU NOMBRE], no me conformaré con nada menos que mi herencia completa en Cristo Jesús. Yo, [TU NOMBRE], ordeno al **LADRÓN**, al **MENTIROSO**, al **ASESINO**[6] que **SEA EXPULSADO** ante la presencia del Señor que me está fortaleciendo en este momento. Estoy de acuerdo con Jesús contra el enemigo, y el ejército del Cielo me apoya en esta lucha aquí y ahora. Te pido Señor Jesús que inundes esta habitación con el dulce aroma de Tu Santo Espíritu, y sirvo de aviso que a ningún otro espíritu se le permite morar en la presencia del Dios Altísimo.

Enemigo, renuncio a ti en el Nombre de Jesús, y yo **TOMO DE VUELTA** todo el terreno que alguna vez te cedí. Dios es mi **FUENTE.** Sólo Él es mi fuente de **SABIDURÍA**, **CONOCIMIENTO**, **GUÍA** y **PODER.** En Él se satisfacen mis necesidades.

Yo **RENUNCIO** y **ME SEPARO** de todos los espíritus familiares, por adquiridos que sean. Te invoco, Señor, para que me liberes de las **MENTIRAS** y **ENGAÑOS** de estos espíritus. Tú, espíritu familiar, **¡DÉJAME AHORA**, en el nombre de Jesús! Te alejo implacablemente

DE MI ALMA; Y EL EJÉRCITO DEL CIELO AHORA TE PERSIGUE PARA TU DESTRUCCIÓN.[7]

MIENTRAS ESTABA ATADO Y OPRIMIDO DENTRO DE MÍ, AHORA SOY LIBRE PARA VIVIR EN LA PRESENCIA DE JESÚS; SU YUGO ES FÁCIL Y SU CARGA ES LIGERA.[8] ESTOY CAMINANDO HACIA ADELANTE EN LA VIDA CON ALEGRÍA, PAZ Y ACCIÓN DE GRACIAS. ESTOY CAMINANDO EN ALERTA ESPIRITUAL Y AUTO-CONTROL. GUARDARÉ MI CORAZÓN DE LAS ARTIMAÑAS DEL DIABLO,[9] Y DEJO ATRÁS MI PASADO PARA SEGUIR ADELANTE EN MI CAMINAR CON JESÚS.[10]

ALZO MI VOZ EN ALABANZA A TI, JESÚS. GRACIAS POR TU PODER LIBERADOR. GRACIAS POR TU NOMBRE Y GRACIAS POR TU SANGRE, LA SANGRE SIN PECADO QUE ME LIBERA.[11]

¡AMÉN!

Oración Notas finales: **1** Lucas 10:19, **2** Juan 1:12, **3** Rom 6:6, Gal 4:7, **4** Sal. 51:7, **5** Heb 1:9, Sal 68:1, Sal 139:20-22, **6** Juan 10:10, **7** 2 Sam 22:38, Sal 18:37, **8** Mt 11:30, **9** Prov 4:23, Fil 4:7, **10** Joel 2:32, **11** Fil 3:13-14

EL DISCERNIMIENTO DE LOS ESPÍRITUS

CUANDO DIOS NOS LLAMA AL MINISTERIO, NOS EQUIPA

Dios nos ha llamado a todos a la guerra espiritual y a la batalla espiritual. Su Iglesia será una Iglesia militante, y las «puertas del infierno no prevalecerán contra ella».

Las armas que Dios nos suministra no son armas carnales o carnales, sino espirituales, son «poderosas en Dios para la destrucción de fortalezas.» ." Somos equipados por Dios para la guerra espiritual a través de los dones del Espíritu Santo mencionados en 1 Corintios 12. Dios ha dicho que estos son los canales a través de los cuales Su poder fluirá.

Dios ha dicho que estos son los canales a través de los cuales Su poder fluirá, las avenidas a través de las cuales Su Espíritu Santo operará.

9780892282098

Ligaduras del Alma

POR Frank Hammond

Una ligadura del alma se forma cuando dos o mas personas se unen. Existen ligaduras buenas (como el ligadura del matrimonio) y existen ligaduras malas (como ligaduras formados por la Fornicación. Hay ejemplos de ligaduras santas y otras impías.

Este folleto describe: Ligaduras Del Alma, Buenas Ligaduras Del Alma, Ligaduras Del Alma Demoniacas, La Influencia De Espíritus Afines, El Poder De Las Ligaduras Del Alma, y Rompiendo Ligaduras Del Alma Demoniacos.

¿PUEDE UN CRISTIANO SER POSEÍDO?
¿COMO EN LAS PELÍCULAS?

Una respuesta completa a una pregunta esencial para la Iglesia hoy...

La mayoría de los cristianos son lo suficientemente sensibles como para no basar su teología en Hollywood. Sin embargo, en este ámbito en particular, cuando se menciona el tema de los demonios, la mayoría de la gente piensa inmediatamente en películas y series de televisión sobre demonios y liberación. En parte, esta es la razón por la que este poderoso ministerio de Jesús se ha convertido en uno de los temas más desafiantes y controvertidos en el Cuerpo de Cristo hoy en día. La incertidumbre en torno a este tema crea un obstáculo para el mover mayor del Espíritu Santo que se está llevando a cabo en la tierra hoy.

En esta concisa enseñanza, Frank Hammond responde a las preguntas más apremiantes sobre el ministerio de liberación y si se aplica a los cristianos de hoy…

- ¿CÓMO PUEDE UN CRISTIANO, CON EL ESPÍRITU SANTO MORANDO EN ÉL, TENER UN DEMONIO?

- ¿CÓMO SE COMPARA LA ACTIVIDAD DEMONÍACA CON LO QUE HE VISTO EN LA TELEVISIÓN O EN LAS PELÍCULAS?

- ¿NO ES ESTE UN MINISTERIO PARA PERSONAS REALMENTE DESORDENADAS, ANTES DE QUE ACEPTEN A JESUCRISTO?

- ¿NO SON LA MAYORÍA DE MIS PROBLEMAS FÍSICOS, NO ESPIRITUALES?

- ¿DICE LA BIBLIA QUE LOS CRISTIANOS PUEDEN SER POSEÍDOS?

SANIDAD FÍSICA Y LIBERACIÓN

Cuando Se Producen Avances para la Sanidad Física Mediante la Expulsión de Espíritus de Enfermedad (Lucas 13:11-13)

Al enfrentarnos a una enfermedad persistente o crónica, surge la pregunta: ¿necesitamos sanidad física o, además de la sanidad física, necesitamos ser liberados de un espíritu de enfermedad? Para obtener sabiduría al respecto, recurrimos al ministerio registrado de Jesucristo.

En nuestro ministerio de liberación a lo largo de los años, hemos visto muchas sanidades físicas resultantes de la expulsión de espíritus malignos. Hemos registrado varios de estos testimonios milagrosos aquí. En esta enseñanza, identificamos las raíces espirituales más comunes de la enfermedad y ofrecemos una oración de liberación del acoso del enemigo en nuestro cuerpo físico.

CUANDO LA LIBERACIÓN TRAE SANIDAD

EN NUESTRO MINISTERIO DE LIBERACIÓN A LO LARGO DE LOS AÑOS, HEMOS VISTO MUCHAS SANIDADES FÍSICAS COMO RESULTADO DE LA EXPULSIÓN DE ESPÍRITUS MALIGNOS. HEMOS REGISTRADO VARIOS DE ESTOS TESTIMONIOS MILAGROSOS AQUÍ.

En esta enseñanza, identificamos las raíces espirituales más comunes de la enfermedad y ofrecemos una oración de liberación del acoso del enemigo en nuestros cuerpos físicos.

Al enfrentarnos a una enfermedad persistente o crónica, surge la pregunta: ¿necesitamos sanidad física o, además de la sanidad física, necesitamos ser liberados de un espíritu de enfermedad? Para obtener sabiduría al respecto, recurrimos al ministerio registrado de Jesucristo.

De todas las sanidades físicas que Jesús realizó en las Escrituras, un tercio de ellas implicó la expulsión de espíritus malignos. Algunas personas a las que ministró necesitaban una sanidad puramente física, mientras que otras necesitaban liberación de espíritus acosadores, esas fuerzas ocultas que operan tras bambalinas buscando impedir su plenitud.

En un ejemplo impactante, Jesús se encontró con una mujer que había estado encorvada durante dieciocho años, lo que Lucas atribuye a un espíritu de enfermedad. Cuando Jesús la liberó de este espíritu acosador, sanó al instante y se irguió por primera vez en casi dos décadas. En otra ocasión, Jesús expulsó a un espíritu sordomudo para que un niño pudiera oír y hablar. Estas no son reglas dogmáticas; en cada caso debemos buscar el discernimiento del Espíritu Santo para la necesidad presente.

Debido a que mi esposa y yo nos dedicamos al ministerio de liberación, la mayoría de las sanidades físicas que hemos visto se debieron a la expulsión de espíritus malignos. Esto nos ha enseñado que hoy, como en los días de Jesús, algunas enfermedades pueden estar relacionadas con la presencia de espíritus malignos. Esto puede ser una revelación para muchos que buscan la sanación del Señor. Jesús vino a destruir la obra del diablo y a sanar a todos los oprimidos por él.

El Espíritu Santo desea revelar si existe un espíritu de enfermedad en una situación. Los dones del Espíritu Santo están diseñados para exponer la mano del enemigo y descubrir si fuerzas ocultas impiden de alguna manera el progreso de una persona hacia la plenitud. Oramos para que todos conozcan a Jesús como Sanador.

FRANK HAMMOND se graduó en la Universidad de Baylor y en el Seminario Teológico Bautista del Suroeste, y cuenta con más de cuarenta años de experiencia como pastor y maestro en el Cuerpo de Cristo. Es autor de numerosos libros, DVD y discos compactos sobre la guerra espiritual y las relaciones familiares, con traducciones a varios idiomas. Él y su esposa, Ida Mae, comenzaron en el ministerio de liberación en 1968 y tuvieron un ministerio internacional.

IMPACT CHRISTIAN BOOKS

332 LEFFINGWELL AVE. #101
KIRKWOOD, MO 63122

WWW.IMPACTCHRISTIANBOOKS.COM

PERDONANDO A OTROS:
La Clave para la Sanación y la Liberación

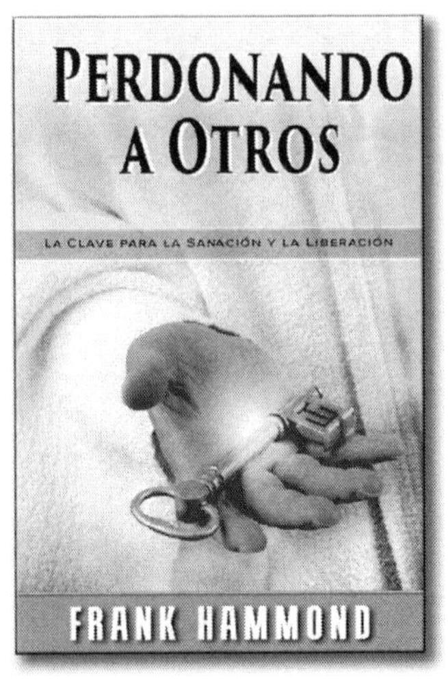

El Rey del Cielo anhela sanar las heridas de nuestro corazón; busca restaurar nuestra mente a un estado de paz, estabilidad y fortaleza.

No podemos comprender plenamente el alto costo de la falta de perdón hacia los demás y las consecuencias que tiene en nuestro caminar diario con Jesús.

Nuestra negativa a perdonar a los demás:

- Nos priva del perdón de Dios (Mateo 6:15; Marcos 11:25; Lucas 6:37).
- Cierra los oídos de Dios a nuestras oraciones (Marcos 11:24-25).
- Le da a Satanás una ventaja sobre nosotros (2 Corintios 2:10-11).
- Nos ata a quien despreciamos (simplemente no podemos sacárnoslo de la cabeza, ¿verdad?).
- Todo seguidor de Jesús necesita purificar este veneno de su alma.

En este breve libro, Frank Hammond nos guía por los pasos para alcanzar la plenitud y la justicia ante el Dios Altísimo. ¡Hay esperanza! Cuando recordamos todo lo que Jesús, nuestro Salvador, nos ha dado y perdonado, podemos llenar nuestras vidas de agradecimiento y gratitud por la obra de la cruz. Esto es saludable. Llenar nuestras almas de resentimiento y amargura no es sano; puede causar enfermedades emocionales, mentales e incluso físicas.

PARA TRAER A LOS QUE AMAS A CRISTO

FRANK HAMMOND dice:

"Recuerden que Cristo el Señor está con ustedes. El Señor es fuerte; el Señor es poderoso; Él es el Señor de los ejércitos. Él peleará por ustedes. ¡Entren en la batalla y no permitan que sus familiares ni amigos caigan sin resistencia! ¡Resistan y luchen por sus seres queridos!"

Cuando viajamos para ministrar, nos preguntan con frecuencia: "¿Qué podemos hacer con nuestros familiares? ¿Qué podemos hacer con nuestros amigos y seres queridos que están perdidos o que viven una vida de pecado y están dominados por el diablo?". Esta pregunta se refiere a las personas en tu vida que están fuera de la familia de Dios, pero que no desean ayuda. Simplemente no están abiertas al ministerio directo.

A través de la guerra espiritual, la oración intercesora y el ministerio de amor, podemos ayudar a crear el mejor ambiente posible alrededor de un ser querido para que conozca a Jesús. Pero no debemos perder nuestra cercanía con el Señor en el proceso, ya que estas situaciones pueden ser bastante difíciles para nuestro caminar espiritual. Usando el ejemplo de Nehemías y las enseñanzas del libro de Judas, Frank Hammond explica la importancia de edificar a quienes nos rodean para guiarlos a una relación directa con Jesucristo.

DEMONIOS Y LIBERACIÓN EN EL MINISTERIO DE JESÚS

¿Buscas un libro que ofrezca evidencia bíblica y concreta del ministerio de expulsar demonios y que demuestre su importancia para la iglesia actual?

Este es el indicado.

Los Demonios y la Liberación en el Ministerio de Jesucristo establece principios rectores de la Biblia para enfrentar a los demonios y liberar a aquellos que están oprimidos por el diablo.

Al analizar las palabras de Mateo, Marcos y Lucas, Frank Hammond demuestra que Dios quiso que comprendiéramos al diablo y el funcionamiento de su reino demoníaco. No hay nada más cercano al corazón y al ministerio de Jesús que los relatos de su propio ministerio. Versículo a versículo, línea a línea, Frank Hammond nos guía a través de una gran cantidad de evidencia sobre la legitimidad de la expulsión de demonios en las Escrituras y el increíble énfasis que Jesucristo le dio a este importante ministerio.

En el proceso de revisar estas Escrituras, Frank Hammond también demuestra cómo los métodos ocultistas se han infiltrado en este ministerio, así como la necesidad de protegerse de los medios carnales cuando se participa en una sesión de liberación. Si anhelas ver el corazón de Dios para la humanidad y deseas conocer el poder disponible en el ministerio de Jesús para liberar a los oprimidos, este libro cambiará tu vida.

ALABANZA - UN ARMA DE GUERRA Y LIBERACIÓN

Mientras Alabas Al Señor,

Las Cosas Comienzan a Suceder en el Reino Invisible

Al alabar al Señor, comienzan a suceder cosas en el reino invisible.

En el Antiguo Testamento, el pueblo de Dios no tenía el nombre de Jesús como arma, pero sí la alabanza. Cuando Saúl fue atormentado por un espíritu maligno, lo único que sabían para ayudarlo era llamar a David. ¿Qué sucedió cuando David comenzó a tocar el arpa y a cantar alabanzas a su Dios? El espíritu maligno se apartó del rey Saúl. Puedes ver por qué la alabanza era tan importante para aquellos santos del Antiguo Testamento.

Puedes ver por qué desarrollaron un estilo de vida de alabanza. Se nos dice que resistamos al diablo y lo hagamos huir, y la alabanza es un arma a menudo pasada por alto y subutilizada para lograrlo. Quiero que entiendas lo que tu alabanza hace en el reino espiritual. Un demonio no puede existir en esa atmósfera; simplemente no puede funcionar. Los espíritus malignos nos han atormentado bastante; ¡a través de la alabanza podemos cambiar la situación y atormentarlos!

DEMONIOS Y LIBERACIÓN EN EL MINISTERIO DE JESÚS

Frank Hammond, autor de *Cerdos en la Sala*, explica lo que los cristianos pueden hacer para derrocar poderes y principados...

Los cristianos pueden influir en el curso de los acontecimientos, en sus propias vidas, en la familia, en la comunidad y en la nación. Esta oportunidad ha sido otorgada como un don a la iglesia por Jesucristo, la cabeza de la Iglesia, y se manifiesta mediante la unión de fuerzas espirituales en las líneas celestiales.

Este libro contiene conocimientos prácticos sobre la guerra espiritual, como:

- **Cada cristiano es un soldado, equipado con armas y autoridad para derribar las fortalezas de Satanás.**
- **El poder de atar y desatar representa dos llaves que Cristo ha dado a su Iglesia mediante las cuales el reino de Satanás será finalmente derrotado.**
- **Dios está ahora reuniendo a su ejército en todo el mundo y avanza contra el reino de Satanás.**

REPERCUSIONES DE LOS PECADOS

La revolución sexual ha entrado en la iglesia pero...

La esperanza reside en la guerra espiritual, la disciplina y la liberación

La revolución sexual ha invadido nuestra nación, nuestras iglesias y nuestras familias.

El mensaje ahora es un llamado al arrepentimiento. Desde nuestros corazones hasta el Trono de Misericordia y Gracia, se eleva un clamor de perdón por nuestras acciones egoístas y nuestra rebeldía contra la guía de Dios sobre la justicia. Jesús está a la diestra del Padre, sentado en su Trono, y está listo para escuchar, perdonar, sanar y liberar a cada uno de nosotros de las cadenas de Satanás.

Ni la nación ni el individuo pueden escapar de las consecuencias de desobedecer los mandamientos de Dios. La Biblia nos advierte que «la paga del pecado es muerte» (Rom. 6:23) y que «el camino del transgresores es duro» (Prov. 13:15). A menos que estas obras de la carne se mortifiquen rápidamente, se convierten en fortalezas demoníacas. Sembrar para la carne produce corrupción, y la corrupción proporciona un banquete para los espíritus inmundos.

La consecuencia inevitable de la contaminación es la pérdida de la comunión con un Dios santo. «Seguid... la santidad, sin la cual nadie verá al Señor» (Hebreos 12:14). ¿Valen los placeres fugaces del pecado la pérdida de nuestra comunión con Dios? Las armas de nuestra guerra son poderosas para derribar las fortalezas demoníacas y sexuales.

El Lecho Matrimonial

¿Puede Profanarse el Lecho Conyugal?

CON TODA LA PORNOGRAFÍA Y LA SEXUALIDAD ABIERTA EN NUESTRA SOCIEDAD MODERNA, ¿HA ENTRADO LA REVOLUCIÓN SEXUAL EN LA CÁMARA MATRIMONIAL? O, ¿TODO VALE CON TAL DE QUE MARIDO Y MUJER ESTÉN DE ACUERDO CON SU SEXUALIDAD?

El autor Frank Hammond ofrece consejos útiles sobre cómo mantener el matrimonio puro ante el Señor. Basándose en el énfasis de Dios en la santidad, Frank explica cómo evitar la actividad sexual perversa en un hogar. ¿Por qué? Porque la perversión es una forma de corrupción espiritual y la corrupción abre una puerta a fortalezas demoníacas.

La oscuridad de la sombra de Satanás se proyecta sobre los matrimonios de hoy a través de múltiples formas, porque el mundo de los medios de comunicación ha traído comportamientos vinculados a las adicciones y la lujuria. A través de la pornografía han llegado pensamientos corruptos de sexo oral y anal, adulterio y una lista de ganchos sexuales. Frank Hammond nos anima a aprender qué contamina el lecho matrimonial, y qué principios existen para una vida matrimonial justa y favorecida.

"HONROSO SEA EN TODOS EL MATRIMONIO, Y EL LECHO SIN MANCILLA" (HEB. 13:4)

Made in the USA
Monee, IL
07 July 2026